Giulio Cesi

Il senso della depressione nel mito della taranta

Giulio Cesi

Il senso della depressione nel mito della taranta

Riadattamento Tesi di Specializzazione Corso di Specializzazione in Psicoterapia presso Istituto RIZA

Edizioni Sant'Antonio

Imprint

Cover image: www.ingimage.com

Publisher:
Edizioni Accademiche Italiane
is a trademark of
International Book Market Service Ltd., member of OmniScriptum Publishing Group
17 Meldrum Street, Beau Bassin 71504, Mauritius

Printed at: see last page
ISBN: 978-613-8-39240-8

IL SENSO DELLA DEPRESSIONE
NEL MITO DELLA TARANTA

Riadattamento Tesi di Specializzazione
Corso Quadriennale di Specializzazione in Psicoterapia
presso
Istituto RIZA di Medicina Psicosomatica
(Milano, Ottobre 2012)

Cesi Giulio
Psicologo - Psicoterapeuta

INDICE

INTRODUZIONE

Genuit hic natura
arachenum animal nocentissimum
A. De Ferrariis (1513)

Alla voce Tarantismo, l'enciclopedia [1] riporta:

"*Fenomeno religioso consistente in una tecnica coreutico-musicale di catarsi da crisi psichiche, conosciuto in tutta l'Italia meridionale a partire dal sec. 14°...*
Il tarantismo si apre con la caduta del soggetto, per lo più femminile, in una condizione di crisi, non identificabile con una forma definita di turba psichica, attribuita al morso di una taranta, anch'essa non identificabile con questo o quel ragno...
Al fine di restaurare la condizione normale, si dà luogo ad un cerimoniale musicale durante il quale alla tarantata, che versa in uno stato d'inerzia, vengono sottoposte, una dopo l'altra, melodie diverse fino a quella che suscita una reazione affettiva e la stimola al ballo".

---

1 www.treccani.it/enciclopedia/tarantismo

Quella del tarantismo è innanzitutto la storia di una malattia.
Gli ammalati di tarantismo sono conosciuti alla medicina, cosi come alla cultura e al folklore del Sud d'Italia, fin dal medioevo e le loro ultime apparizioni risalgono ai primi anni '60.
La leggenda narra di genti che attribuiscono il sorgere di improvvisi stati di inerzia e malessere generale, agli effetti del morso della taranta (anche detta tarantola), un fantomatico quanto malefico ragno velenoso.
Benché leggende e tradizioni similari possono essere riscontrati anche in altre regioni, nel tracciare la storia di questo grande fenomeno, non si può prescindere dalla terra che ne è madre, ossia la terra in cui il mito, fin dalle sue origini, trova la sua massima espressione rituale.
Siamo, quindi, nelle campagne di quello che fu l'antico Regno di Napoli, in quell' angolo che, come riportato da De Martino (1961), stretto tra lo stato Pontificio e il mare, suggerì ad un suo re, l'immagine di una terra protetta dalla storia, quasi fuori dal mondo, tra l'acqua benedetta e l'acqua salata.
Entrare nel Salento, allora come oggi, significa accedere in una terra senza tempo, costellata da ulivi secolari dai mille occhi, da campagne pregne di humus primordiale, da un sole silenzioso quanto ingannevole e da un mare sognante, da sempre ponte con la Grecia degli Dei.
È dunque qui, tra queste atmosfere suggestive, che tra i secoli IX e XIV, il fenomeno degli ammalati per tarantismo inizia ad attirare l'interesse da parte di diverse branche del sapere umano.

Non si può tuttavia trascurare una scoperta, di pochi decenni fa, che può far risalire la nascita del tarantismo ad origini ancor più antiche, addirittura all'era dell'uomo primitivo.

A Porto Badisco, una grotta situata ad Otranto (Le) e risalente al neolitico, sulle pareti vi sono ritratti circa 3.000 segni lasciati dall'uomo, fatti con guano di pipistrello e ocra rossa, tra cui, uno in particolare, raffigura la "*Divinità danzante*" (chiamata anche scimmietta o sciamano), la quale è disegnata nell'atto del ballare con due serpentelli tra le gambe.

"*giace a letto malata, angosciata, inappetente e cibandosi lentamente solo se costretta... aggravandosi il male ed essendo il corpo estenuato dal protratto digiuno son fatti venire i suonatori*"

L .Valletta (1706)

Il più antico e accreditato documento connesso all' esorcismo musicale di chi è ritenuto affetto da tarantismo è costituito dal "*Sertum Papale De Venenis*", di Guglielmo Marra da Padova e risalente al 1362.

Egli riporta la tradizione popolare secondo la quale la tarantola, mordendo le sue vittime, produce un canto e il tarantato trae indiscusso giovamento dall'ascoltare una melodia concorde con quella della tarantola.

I successivi studi sugli effetti del morso da aracnide portano, come evidenziato in Mora (2000), ad elaborare nel tardo '500 delle vere e proprie teorie di iatromeccanicismo musicale, ossia ardite teorie capaci di spiegare il meccanismo mediante il quale il veleno, agendo sul sistema nervoso e sul cervello, diventa un veicolo tanto di contenuti emotivi quanto musicali.

Già a metà del '400, per esempio, Johannes Tinctoris (1450), un grande compositore e teorico della musica del Rinascimento, interessandosi alle possibili funzioni della musica, individua, fra le tante, quella di "*risanare gli ammalati*".

Lo stupore generato dal potere della musica di ridestare le tarantate dal loro torpore, trova massima espressione nella celebre frase del medico umanista Antonio De Ferrariis del 1513 "*Genuit hic natura arachenum animal nocentissimum...*" : « *la natura ha generato* - nel Salento - *un animale dannosissimo, un ragno, il cui veleno viene espulso al suono di flauti e tamburi*".

Sulla stessa scia, si pone anche l'alchimista e filosofo tedesco H. Cornelius Agrippa (1533) nel De Occulta Philosophia al capitolo in cui tratta "*Dell'armonia musicale, delle sue forze e del suo potere*" dimostra di conoscere il fenomeno del tarantismo: "*si trova anche scritto che coloro i quali siano stati morsicati dalla tarantola in Puglia cadano in sopore, dal quale vengono tratti mercé determinati suoni che li spingono a ballare in cadenza*".

Altri autori sottolineano in aggiunta la particolare inclinazione degli affetti da tarantismo non solo verso certe particolari composizioni ma anche verso certi colori e danze.

Spaziando da una spiegazione di natura tossicologica ad una puramente psichiatrica, l'ipotesi ad oggi più accreditata e scientificamente approfondita del fenomeno, è quella proposta da Ernesto De Martino (1961), uno dei maggiori studiosi del tarantismo e più in generale della cultura e religione del Sud d'Italia.

Egli, nell'estate del 1959, è protagonista assieme ad un antropologo, un etnomusicologo, uno psichiatra ed un sociologo, di uno studio sul campo del fenomeno adottando come guida il punto di vista storico, culturale e religioso.
Nel Salento dell'estate del '59 si giunge cosi a stimare in 100 il numero dei malati di tarantismo ed in alcune migliaia le persone che partecipano all'evento in funzione di suonatori, familiari, pubblico credente o semplici spettatori al rito.
La conclusione dell'autore è quella del tarantismo come un "*male culturale*", un'isteria sociale, escludendo cosi reali fenomeni di aracnidismo.
Il ragno, o meglio il morso del ragno, diventa per De Martino (1961) il simbolo di tutto ciò che costituisce trauma o frustrazione economica, sociale, psichica o sessuale.

Il mito del tarantismo, dunque, sembra nascere dall'esigenza psichica di dar un significato, un nome, una causa e dunque anche una cura, ad un male interiore dalle sfumature tanto inconoscibili quanto inavvicinabili.
D'innanzi a uno stato di natura depressiva, che accoglie la sua vittima in modo apparentemente improvviso, deciso e veloce, per gli abitanti del Salento pare non esserci altra spiegazione se non quella di un terribile ragno in azione, rapido nell'emettere il mortal veleno ed agile nell' insinuarsi silenziosamente tra le vesti della gente o su per le lenzuola del letto.
Sono sì occhi impauriti, terrorizzati ma anche carichi di speranza, quelli che osservano la tarantata, ossia la vittima del morso della taranta, poiché il grido di "*è pizzicata!*" lascia trasparire, assieme allo

spavento e al mistero che la malattia porta con sé, anche la convinzione di sapere che l'antidoto c'è, ed è un rimedio tanto antico quanto irruente e impetuoso, giunto dal mare direttamente dal tempo in cui il ragno era un Dio e parlava la lingua delle arti.

Accertata la natura del fenomeno è automatico metter in moto l'arcaico e complesso rituale terapeutico: in soccorso delle malate giungono, infatti, le "*orchestrine terapeutiche*", ossia suonatori armati di tamburello, violino, organetto, armonica, incaricati di suonare la "*pizzica*", una musica tambureggiante, ritmata, socialmente riconosciuta come unico rimedio al veleno da taranta.

La tarantata, che giace immobile e inerme, ai primi rintocchi inizia ad abbozzare lenti e circolari passi, per poi via via intensificare sempre più i movimenti in un crescendo roteante senza tempo, fino a giungere, preda di uno stato di completa incoscienza e di isolamento dal mondo, alla caduta rovinosa per sfinimento.

La credenza, infatti, vuole che mentre si consumano le proprie energie nella danza anche la taranta si consuma e soffre sino ad essere annientata.

Musica e danza e ancora musica e danza, fino allo svenimento, fino al vomito, fino a quando le onde musicali giungono a circolare nelle vene della malata, caricandole di quella linfa vitale per lungo tempo smarrita.

"*...dapprima la donna passeggia gravemente per la camera da letto quindi poco a poco comincia a ballare e nel ballo a tal punto si va infiammando da meravigliare per i movimenti abnormi, immoderati, concitati che vien compiendo...*

dopo essersi stancata fino all'esaurimento con questo frenetico ballo a lungo protratto, trasportata da fanatico delirio e furore maniaco..la mente sconvolta, le gote di fuoco, gli occhi rossi, vagando di qua e di là, correndo in tondo e talora poggiando su un solo piede gira su se stessa.. finchè per vertigine, indebolimento. da quel moto contrario alla natura dei corpi terrestri finisce col precipitare al suolo a capofitto"
Valletta (1706)

Indipendentemente dalla scuola di pensiero adottata, il tentativo di comprenderne significati e dinamiche, non può prescindere dalla natura clinica dell'evento. Ogni altra interpretazione del tarantismo, che non accolga e ami la sofferenza in essa celata, è superficiale ed effimera; in fondo, quella del tarantismo, è la storia di una vita che si ritrae nella gioia morente, un'esistenza che si lascia sopraffare dai toni e colori dell'universale rinascita.

In primis, dunque, dei tarantati occorre ascoltarne le voci e poi seguirne i passi, perché il tarantismo rivive ogni qualvolta la sofferenza paralizza e ogni qualvolta la danza e la musica ne sono la salvezza.

Tutto ruota attorno al grande tema archetipico della depressione che, a partire da un tempo molto lontano ma in un luogo ben preciso, decide di ornarsi di un apparato simbolico altamente definito e complesso, una struttura arcaica in cui elementi primordiali quali ragno, veleno, musica, danza e catarsi appaiono intrecciati in un profondo legame di senso.

LA TARANTA: IL RAGNO E IL SIMBOLISMO

Nel De Tarantula di Giorgio Baglivi (1696) si legge che il termine "*taranta*" fu preso probabilmente dalla città di Taranto, dove il fenomeno del tarantismo fu conosciuto già da greci e romani.
Nel vocabolario greco-italiano, si legge che "*oi tarantinoi*" vuol dire "*lanciatori di giavellotti*" invece per la Historia Sicula di Goffredo Malaterra (1604), il termine "*taranta*" è il nome dato ad animali il cui morso è velenoso.
Delineando l'evoluzione del termine "*tarantola*", Gabriele Mina (2000) dimostra che esso indica indifferentemente animali come ragno, verme e rettile (nelle tipologie medioevali il ragno rientra nelle trattazioni de verminibus o de venenis).
Citando il medico leccese Nicola Caputo (1741), infatti, si nota come fin dal '700 è consuetudine in Puglia chiamare tarantole tutti i falangi ed in realtà ancor oggi nel Salento si ottengono in proposito risposte che sono irriducibili alle classificazioni zoologiche.

La domanda da porsi, dunque, è:
esiste davvero la taranta?

Vi è realmente un ragno capace con il suo veleno di colpire l'animo dell'uomo e da debellare solo con l'effetto della danza e musica?

La taranta pare mostrare una certa elettività ad identificarsi con quella particolare specie di ragno designata come "*lycosa tarentula*".

Si tratta di un grosso ragno peloso, di color scuro, con disegni grigio bruni sul dorso e una banda scura in campo grigio-arancione sul ventre. Armato di cheliceri di notevoli dimensioni, tutto nel suo aspetto richiama l'immagine della potenza del morso e per questo suscita alla vista reazioni emotive molto intense. Questo ragno raggiunge la sua vittima con rapida corsa e con un salto ampio e con i grandi cheliceri aperti a ventaglio pronti a chiudersi nel morso in un atteggiamento di vibrante aggressività.

Nella prospettiva della coerenza simbolica del mito, la lycoa possiede dunque alcuni titoli preferenziali per essere simbolicamente riplasmata ma anche altri ragni possono fornire la loro immagine, in tutto o in parte, per la costruzione di quel mostrum mitico che è la taranta del tarantismo.

Ad esempio, l'immagine di una tela irregolare e molto tenace in cui la vittima resta imprigionata o quella di lasciarsi oscillare nell'aria e farsi trasportare dal vento sono estranee alla lycosa ma entrano altresì nella trama simbolica del tarantismo mutuate dal comportamento e dai costumi di un altro ragno, il "*latrodectus*".

Questo è l'unico aracnide veramente pericoloso per l'uomo in Italia, causa reale di latrodectismo, più diffuso di quanto si creda ma, a causa delle sue abitudini di vita, lo si osserva difficilmente.

Spostandoci dalla zootecnica, al più vasto mondo del simbolismo, è noto come il ragno, assieme ai serpenti e aracnidi in generale, è considerato animale che ha da sempre colpito e stimolato l'immaginario umano, accedendo, spesso tramutato come creatura leggendaria, nel folklore e nella mitologia di vari popoli.
Presso alcuni popoli indiani, il ragno rappresenta l'ordine cosmico perché tesse perfettamente la sua tela, creando figure geometriche lineari e armoniose.
In Cina, invece, è simbolo di buon auspicio mentre nella mitologia africana il ragno è il portatore del fuoco alla civiltà umana.
Nell'antica Grecia, esso è simbolo di eccellenza delle capacità umane misto ad arroganza; il mito di Arakne, per esempio, narra di operosità e di elevazione al rango di Dio, un Dio che però punisce l'uomo e lo rende schiavo del suo lavoro costringendolo a tessere e ritessere la tela per tutta la vita.
Nell'immagine più facilmente associabile al ragno, la ragnatela, si rileva, presso diversi popoli, una compresenza di archetipi: la creazione, il ponte, il destino. La ragnatela, per via della sua struttura ordinata, richiama per esempio l'ordine dell' Universo inteso come Cosmo contrapposto al Caos.
Nel linguaggio comune, il ragno è spesso preso da modello positivo per tutto ciò che richiama precisione e laboriosità: "*tessere non significa soltanto predestinare e riunire insieme realtà diverse ma anche creare, far uscire dalla propria* sostanza, *come fa il ragno costruendo da sé la propria tela*": così si esprime Mircea Eliade nel suo Trattato di Storia delle Religioni.
Il ragno, di conseguenza, appare come l'architetto del mondo, mentre la sua opera (la tela) una metafora del creato.

In Occidente, tuttavia, si tende ad enfatizzare la valenza negativa del simbolo ragno in quanto, come il serpente, anch'esso si lega a Satana, al male ed è quindi sovente fonte di paura e repulsione.
Si tratta di una paura di natura atavica e deriva dalla consapevolezza che il morso del ragno è potenzialmente dannoso e velenoso. Inconsciamente, infatti, esso produce disprezzo per la sua attività di predatore capace di attirare, ingannare ed avvolgere le sue prede; basti pensare che esso, grazie alla sua tela, si procura il cibo per poi divorarlo ancora in vita dopo averlo paralizzato.
A rendere più infido il ragno contribuisce anche la sua pazienza nell'attendere la preda, l'intelligenza dimostrata nelle varie tecniche di caccia (dalla ragnatela alle buche nascoste, al mimetismo), l'agilità e velocità nei movimenti.
Tutti fattori che aumentano la pericolosità in un eventuale incontro con l'uomo e che lo rendono dunque, secondo il pensiero di Howard Gloyne (1950), uno dei più importanti centri di proiezione delle paure istintive sulla percezione di un pericolo esterno.
Gran parte degli studi psicoanalitici sulla simbologia del ragno hanno come oggetto contenuti inconsci di natura sessuale.
Per Abraham (1927), per esempio, il ragno rappresenterebbe da un lato i peli del pube femminile e dall'altro l'organo genitale maschile, sicché esso significherebbe la madre mascolina che prima abbraccia e poi uccide il maschio.
Sull'onda di Abraham, Sterba (1950) attribuisce il significato del simbolismo del ragno a tendenze pregenitali atte a preservare e a distruggere nello stesso tempo.
Altri autori, invece, lo concepiscono prevalentemente come simbolo di femminilità, più precisamente della sottile malizia femminile.

Da sempre, infatti, il serpente, il ragno ed altri animali striscianti sono vissuti come ricordi di una società matriarcale poi vinta da invasori portatori di nuove immagini e nuove divinità.
A livello inconscio, ad esempio, può giungere come simbolo della donna virago, intenzionata a distruggere l'uomo o, se si pensa alla ragnatela come mortal prigione, come simbolo del destino a cui non si può sfuggire.
È anche emblema dell'istinto, degli impulsi arcaici che ci ancorano alla nostra natura più primitiva. Il lato oscuro ed inconscio dell'essere umano può, infatti, assumere la forma del ragno quale divoratore della capacità riflessiva.
Esso, secondo il pensiero di Jung, è il simbolo della madre (o della Dea Madre), divinità primigenia delle comunità agricole, legata alla fertilità e capace di riaffiorare con tutta la forza degli istinti primordiali.

In conclusione, zoologicamente parlando è ormai acclamato che la taranta è un ragno che non esiste ma questo, in fondo, ha poca importanza.
La taranta, percepita come icona a metà tra realtà e fantasia, rappresenta senza dubbio l'essenza ultima del tarantismo, ne è il suo simbolo cardine, fonte di immagini paurose quanto affascinanti.
È molto più bello pensare alla taranta come una di quelle cose, detto con le parole di Jung (1961) "*che non sono prodotte dall'Io ma che si producono da sé e hanno una vita propria!*"

DALLA DIVINITA' AL SANTO

Sono tanti i Miti e gli Dei in cui si ricorre al potere della musica per guarire e trasformare.

Molto interessante, a tal proposito, appare lo studio avanzato da Henry Ernest Sigerist (1943) che, inquadrando il tarantismo da un punto di vista di medicina sociale anziché della psichiatria, sottolinea l'analogia esistente fra antichi riti come quello di Dionisio e i sintomi del tarantismo. Per Nietzsche, citato in Vannini (1993), il dionisiaco è la liberazione dell'istinto senza limiti, l'irruzione del dinamismo indomito della natura umana, animale e divina, è l'ebbrezza che dissolve l'individuale nelle tendenze e contenuti collettivi, esplosione dell'io chiuso, sotto l'influenza dell'universo.

Dioniso, conosciuto anche con il nome di Bacco (dal greco "*bácko - colui che strepita*", in Caporali - Forconi (2009), è dunque il Dio del risveglio della natura, della danza, del vino e dell'estasi.

Nell'inno omerico a Dioniso, citato in Gesmundo (2006), è difatti scritto "*siimi propizio, o tu che appari in forma di toro e infondi nelle donne la follia*!".

È proprio nello strepito, nelle grida, nel frastuono della feste Baccanali compiute in suo onore che si riscontrano le maggiori similitudini con i comportamenti delle tarantate durante il rituale di guarigione.

Boyancè (1937) evidenzia come "*Dionisio sia una divinità entusiastica e travolgente in quanto purifica, libera e pacifica; egli si impossessa delle anime solo per guarirle*".

Il tema della guarigione nei rituali dionisiaci si collega al concetto di "*giusta mania*" che, secondo Platone, cosi come riportato in Mora (2000), ha la funzione di regolarizzare l'eccesso di irragionevolezza dandole un'orientazione telestica.

La mania telestica, come la follia ritualmente orientata, la giusta pazzia, comporta il movimento verso la ragionevolezza con la mediazione del cerimoniale regolato.

Caprioglio (2003) intende la "*sana follia*" come quella forza benefica che se libera di esprimersi rompe le gabbie dove appassisce la nostra esistenza per mostrarci nuovi spazi di conoscenza, in cui crescere e maturare liberi.

Follia, caos, tumulto, rivelano pertanto impensabili proprietà terapeutiche.

Come per il ragno nel tarantismo, anche nel dionisismo la divinità che da la follia offre al contempo il sistema di cura e come le tarantate anche i fedeli di Dioniso entrano nella dimensione delle emozioni e dell'irrazionalità danzando, sospinte dalla forza irresistibile di una musica estremamente coinvolgente, possedute dal Dio.

Linforth (1946) del rito coribantico descrive la "*thronosia*", momento cerimoniale molto simile alla terapia da tarantismo e corrispondente alla fase in cui l'adepto viene posto su un seggio e i ministri danzano attorno a lui, sollevando un frastuono assordante.

L'effetto che ne deriva è l'accendersi di una grande eccitazione e lo scuotersi delle emozioni, finché si perde coscienza di tutto tranne che del vorticoso ritmo della danza.

Questo momento è seguito da quello che è definito il "*teletè*" vero e proprio, nel corso del quale l'adepto si lancia lui stesso nella danza insieme agli altri e lascia irrompere in sè l'ebbrezza del ritmo.
"*Coloro che ricorrevano al teletè*", scrive Linforth (1946), "*trovavano sollievo all'inquietudine di cui erano affetti e la certezza di una futura felicità tramite un'esperienza che offriva una benedizione all'umanità più che la solita consolazione della religione istituzionale*".
Nel corso della la "*Sicinnide*" [2] la danza realizzata in onore del dio Dionisio nei baccanali, i danzatori spesso usano una veste detta "*Tarantinula*" o "*Tarantinidion*" e le movenze da loro compiute, come quelle delle tarantate durante il rito, si sviluppano attorno a movimenti roteanti e circolari.
Conferme si trovano non solo su molti vasi greci ma anche nella famosa "*stanza della parete nera*" di Pompei, dove sono raffigurati satiri danzanti nelle tipiche movenze della tarantèlla. Quando tutto finisce, i partecipanti al rituale, siano esse tarantate nel Salento o adepti a Dioniso nella Grecia antica, riemergono dal tumulto pervasi da uno stato di calma e tranquillità.
Solo mediante la pura esperienza catartica, in un completo stato di abbandono e di identificazione con Dionisio o con il Mito del ragno, la mente può nuovamente regredire ad una condizione di innocenza psicologica e, perciò, riconquistare la sua armonia interiore.

Benché temporalmente molto distanti, gli antecedenti classici del fenomeno non sono, in fondo, cosi diversi dai più recenti e ultimi risvolti del tarantismo.

---

[2] tratto da Renzo Paternoster "*Un ballo mistico: la tarantèlla*" nel sito www.storiain.net

L'ultima fase, quella che si avvia nel XVIII sec, vede protagonista l'interpretazione della Chiesa Cristiana e il sostituirsi del Mito con il Santo e la catarsi con la preghiera.
Il tentativo di cristianizzare il fenomeno, nello specifico, si concretizza nell'esaltazione del culto di S. Paolo, il Santo protettore di coloro i quali sono morsi da animali velenosi e capace di guarire per effetto della sua grazia.
La scelta del santo non è casuale poiché nel libro degli Atti degli Apostoli (*At. 28:3-5*) si narra come Egli sopravvive al veleno di un serpente, inviato dai suoi nemici, nell'isola di Malta.
La leggenda racconta che il Santo giunge a Galatina (Le), durante uno dei suoi lunghi viaggi di evangelizzazione e per ringraziare dell'ospitalità ricevuta fa dono gli abitanti del Paese dell'immunità dal veleno dei serpenti e di ogni altro animale dal morso nocivo.
L'influenza religiosa spoglia cosi le danze e le musiche degli originari significati per divenire vere e proprie forme di preghiera, di pentimento e di supplica verso i santi.
Il danzare e suonare vengono cosi derubati delle loro antiche valenze e messe al servizio di una religione contraria agli Dei pagani. Non si danza e suona più perché da secoli è cosi che si scaccia il ragno insinuatosi nella donna ma per invocare l'intercessione del Santo. La vera e ultima guarigione, infatti, ora può avvenire solo in pellegrinaggio il 29 Giugno a Galatina, giorno in cui la città commemora il Santo.
La richiesta della grazia, già evocata nei singoli esorcismi domiciliari, trova ora la sua massima espressione nella messa-esorcismo presso la chiesetta intitolata a S. Paolo.

Secondo la tradizione, agli ammalati si deve far bere l'acqua miracolosa (la fonte è murata dal 1959 per ragioni igieniche) di un pozzo situato nei pressi della Chiesa, fino a quando non si vomita nel pozzo; sul fondo compaiono allora dei serpenti che tentano di ghermire il tarantato e se gli riesce a chiudere il coperchio del pozzo può considerarsi, finalmente, guarito del tutto.

I parenti nel frattempo pregano recitando le formule di rito, come ad esempio: "*Oremus ut fideliter qui Galatinae sumpserit tuam aquam sit innoxius morsi phalangi et viperae*" (Preghiamo perché chi con fede a Galatina beve la tua acqua non riceva danno dal morso della tarantola e della vipera, tratto da www.croponline.org/tarantismo).

Le tarantate, che in questo giorno accorrono numerose da ogni parte della regione, non fanno mancare danze e canti ma il tutto guidate da un fanatismo religioso confuso e caotico:

"*davanti alla statua del Santo custodita in una nicchia o al cospetto del quadro al di sopra dell'altare che lo raffigurava nell'episodio di Malta, i tarantati invocavano, a tratti ardentemente, la grazia, si rotolavano al suolo percorrendo lo spazio dall'una all'altra immagine, salivano sulla tavola eucaristica per accostarsi al quadro, picchiavano a pugni chiusi o con le spalle contro la grata di ferro che proteggeva la nicchia della statua, chiedevano acqua del pozzo miracoloso, erano trasportati a braccia in sacrestia dove vomitavano o orinavano*" (De Martino, 1961)

La storia recente coincide con il decadimento del tarantismo.
Il fenomeno, nella sua originaria accezione di malattia, non trova più nella Puglia degli anni ’60 quel terreno che ne ha costituito il substrato simbolico per interi secoli.
In un clima di boom economico, di industrializzazione, di sviluppo tecnologico, di scolarizzazione, appare impossibile poter convivere con il tarantismo, etichettato drasticamente come bizzarro evento di superstizione legato alle misere condizioni di vita dei contadini.

L'ESORDIO, I SINTOMI, LA CURA

Demorsi Appuli curantur sono
saltu, cantu, coloribus
Gaudenzio Merula (1546)

Il principio che si afferma nell'approccio al fenomeno è quello di considerare "*tarantati*" solo coloro i quali vengono percepiti e trattati come tali dalla gente del luogo e che sono sottoposti alla cura del morso della taranta mediante la musica, la danza e i colori.

I comportamenti connessi al tarantismo sembrano, dunque, richiamarsi a scelte culturali definite, a simboli mitico-rituali ben precisi, ipotizzando sì un legame con il latrodectismo e la psichiatria ma su di una base di sostanziale autonomia simbolica.

Si può pensare, con le parole di De Martino (1961), che in occasione di determinati momenti critici dell'esistenza (come la fatica del raccolto, la crisi della pubertà, la morte di qualche persona cara, un amore infelice, la condizione di dipendenza della donna, i vari conflitti familiari, la fame e la miseria, le più svariate malattie organiche) insorga la "*crisi dell'avvelenato*", utilizzando il modello del latrodectismo simbolicamente riplasmato come morso di taranta che scatena una crisi da controllare ritualmente, mediante l'esorcismo della musica, della danza e dei colori.

La caduta al suolo, il senso di spossatezza, l'angoscia, lo stato di agitazione psicomotoria con obnubilamento del sensorio, il mal di stomaco, la nausea, il vomito, dolori muscolari figurano nel momento della crisi del tarantismo anche nei casi in cui, per altri segni, si può escludere con certezza che si tratta di latrodectismo o malattia mentale in atto: ne risulta un'immagine di avvelenato che può facilmente trarre in inganno ogni medico.

La stessa vittima si definisce "*annoiata*" e "*lesa*", termini che nel dialetto salentino stanno ad indicare una condizione di generale debolezza, svogliatezza ma anche di una non meglio specificata malinconia e tristezza.

Ecco che l'evocare un ragno e il suo veleno rappresenta l'unica immagine, di natura salvifica, a disposizione delle genti contadine per affrontare un male interiore altrimenti oscuro e indefinito.

Per quanto, infatti, la taranta sia considerato un animale mitologico e terrificante è pur sempre una spiegazione per la quale è pur sempre prevista una cura, rendendo così emotivamente avvicinabile un evento interiore altrimenti inavvicinabile.

Più netto e definito appare il piano terapeutico messo in atto per debellare gli effetti del veleno, ossia un esorcismo a carattere coreutico-musicale-cromatico, previsto di ruoli, significati ed eventi ben strutturati e tramandati nel tempo quasi inalterati.

Al grido di "*è pizzicata!*" ecco giungere a domicilio del malato o nella piazza del paese i musicanti terapeutici, i suonatori della "*pizzica*", ossia la musica risanatrice.

Niente farmaci dunque ma solo musica e ballo e ancora musica e ballo così come ben testimoniato, fin dall'antichità, dal medico dell'800 Friedrich Karl Justus Hecker nel suo Danzimania, «*fin dal secolo XV si manifestò nelle Puglie una strana malattia nervosa, attribuita al morso velenoso di un ragno chiamato Tarantola, per la quale i morsicati, divenivano melanconici quasi stupefatti e appena capaci di ragione. Questo stato in molti si associava ad una sì grande sensibilità per la musica che ai primi tocchi di una melodia prediletta esultavano di gioia e dapprima lentamente e indi sempre con più rapido moto danzavano senza posa, fino a quando estenuati cadevano al suolo*"

Alla leggenda popolare può essere in realtà legata anche una spiegazione strettamente scientifica: il ballo convulso, accelerando il battito cardiaco e stimolando il rilascio di endorfine, favorisce l'eliminazione del veleno e contribuisce ad alleviare il dolore provocato dal morso del ragno e di simili insetti.

Quindi, non è da escludere che il ballo venisse utilizzato originariamente come vero e proprio rimedio medico, a cui solo in seguito sono aggiunti connotati religiosi ed esoterici.

Tuttavia, secondo la credenza popolare, per guarire dal morso occorre mimare la danza della taranta, identificarsi con essa con i movimenti corporei e costringerla cosi a danzare fino a stancarla e a farla morire.

La descrizione dell'intero ciclo coreutico-musicale-cromatico porta a distinguere tre fasi in successione:

Prima Fase:

i musicisti iniziano a dar voce agli strumenti, riponendo attenzione a quei suoni e tonalità verso cui la malata si mostra più sensibile; essi, infatti, dispongono di dodici melodie e le accennano fino a quando la tarantata non trova quella giusta, cioè la musica che la fa reagire ballando, dapprima lentamente per poi avanzare in modo frenetico, in un crescendo roteante e vertiginoso.

Mora (2000), ad esempio, dice: "*la donna rimaneva quasi immobile, in una posizione che fa pensare a quella di una morta...non appena veniva eseguita una melodia appropriata ella cominciava quasi per miracolo a svegliarsi e a muovere gli arti, a guardarsi intorno, insomma a riprendere vitalità*".

È quindi considerata giusta solo e soltanto quella musica che fa "*scazzicare*" (vocabolo di uso comune nei dialetti salentini indicante il sollevare, rimuovere un peso materiale o una massa compatta) che fa cioè abbandonare lo stato di inerzia a favore dell'agitazione psicomotoria, al ritmo della musica e delle figure danzanti.

Secondo il pensiero popolare, la tarantata assume il carattere dell'animale che l'ha morsa: "*vi sono così tarante ballerine e canterine, sensibili alla musica, al canto e alla danza; e vi sono anche tarante tristi e mute che richiedono nenie funebri ed altri canti melanconici; vi sono poi tarante tempestose che inducono le loro vittime a fare sterminio, o libertine che stimolano a mimare comportamenti lascivi; ed infine tarante dormienti, resistenti a qualunque trattamento musicale*"

Seconda Fase:

vi è il ripetersi del precedente schema ma su di un versante cromatico poiché saranno giusti i colori che fanno "*scazzicare*" la tarantata in una vicenda di repulsioni e attrazioni, di scariche aggressive e di idoleggiamenti.

Talvolta, infatti, le tarantate aggrediscono durante il rito le persone che indossano un capo della tinta che le eccita, che poi è il medesimo colore del ragno che le ha morse.
Riuscire ad identificare il colore odiato è un modo per aiutarla a guarire, per questo motivo nel rito vengono usate delle strisce di stoffa colorate, dette "*nzacareddhre*", agitate intorno alla tarantata dai suoi parenti.
Una volta scoperto il colore non sopportato, il nastro corrispondente è stracciato e gettato via per uccidere simbolicamente il ragno.

Terza Fase:
nella terza e ultima fase, la tarantata, guidata dalla musica tambureggiante e persa in uno stadio di semi-coscienza, si abbandona a convulsioni, sfoghi psico-motori, impulsi irrefrenabili, arrivando ad assumere atteggiamenti a volte osceni, isterici ma atti a favorire la piena identificazione con il ragno e i suoi movimenti (per esempio: strisciamenti sul dorso o arrampicamento sui muri, alterazioni delle voci, saltelli e torsioni..)

Il rituale finisce quando la donna calpesta simbolicamente la taranta per sottolineare la sua guarigione dalla malattia.
Per De Martino (1961), ella esegue la danza come vittima posseduta dalla bestia e come eroe che piega la bestia danzandola: "*nel corso dell'identificazione agonistica dell'esorcismo coreutico-musicale, il combattente dialoga talvolta ad alta voce col ragno, soggiace ai suoi ordini oppure riesce ad imporgli il proprio commando o viene a patti con lui: si fa fissare la durata della prestazione coreutica o l'orario della prossima crisi*".

L'esorcismo può durare anche diverse ore tant'è che uno dei segnali distintivi di un suonatore terapeutico di tamburo sono proprio le macchie di sangue sul suo strumento musicale: suonando freneticamente ed ininterrottamente per ore, essi si procurano grandi ferite sulle mani, ferite che sono fonte di orgoglio perché significano che sono capaci, tramite la loro musica ed arte, a liberare una donna dalla malefica possessione del ragno.

Il tamburo (un cerchio di legno con i campanelli o piattini metallici attorno) rappresenta dunque il principale strumento musicale nella pizzica ed è noto per il suo complesso simbolismo e per le sue virtù magiche.

Esso è suonato con una tecnica particolare (si da il ritmo di base con la percussione e un caos ordinato con i sonagli), in grado di dar vita ad una musica particolarmente ritmata, tambureggiante appunto, che da un certo punto di vista quasi costringe ad eseguire una danza frenetica ed ossessiva.

Secondo una credenza, per esempio, lo sciamano costruisce il tamburo tramite un ramo dell'Albero Cosmico, comunicazione tra cielo e terra, posto al centro del mondo, li dove lo sciamano si reca durante i suoi sogni iniziatici.

Purtroppo, spesso l'esorcismo si rivela una guarigione temporanea perché la "*malattia*" ritorna puntuale ogni anno segnando quindi per sempre la vita della donna.

Accanto al morso vi è dunque un rimorso: la patologia sofferta ritorna l'anno successivo per richiedere un ulteriore trattamento terapeutico musicale.

Nella sua simbologia, dunque, la taranta insinua nelle vene un veleno che dura finché la taranta stessa vive; se il morso patito in un'estate "*ri-morde*" nell'estate successiva significa che la taranta non è ancora "*crepata*", che il nucleo conflittuale non è risolto e che si necessita pertanto la ripetizione dell'intero ciclo coreutico-musicale.

LA PSICOLOGIA DEI TARANTATI

"Il morso della taranta
mantiene l'omo nel suo proponimento,
cioè quello che pensava
quando fu morso"
Leonardo" (cod. H. 18 v.)

Di questo oscuro manoscritto di Leonardo da Vinci non si sa molto eppure sembra colpire proprio al cuore della psiche dei malati di tarantismo.

Nell'interpretare tale affermazione, gli studiosi concordano nel non attribuirvi un carattere di conoscenza scientifica bensì di natura prettamente simbolica poiché nella raccolta in cui è inserita, gli animali sono fissati in un momento del loro comportamento che è simbolico di una virtù o vizio, di un ideale morale o di una passione.

Anche se non si conosce la fonte diretta da cui Leonardo s'ispira, è tuttavia certo che la tradizione relativa alla taranta è già nota nel trattato De Venenis compilato dal pesarese Sante de Ardoynis (1425) in cui si ritrova l'ideologia secondo la quale "*fin quando il veleno della taranta non sia dissolto la melanconia dei morsicati persiste con quella immaginazione, inclinazione e pensiero in cui i morsicati erano al momento del morso*" .

A tal proposito, interessante quanto bizzarra è la posizione espressa da Girolamo Mercuriale (1584) secondo il quale la tarantola, cioè il ragno vero e proprio, prova desideri e sentimenti quasi umani e che misteriosamente i sofferenti di tarantismo rimangono nello stesso stato mentale di quando sono stati morsi: una chiara dimostrazione della reciproca influenza magica fra uomo e ragno!.

Un secolo dopo, il medico Baglivi (1696) propone l'ipotesi secondo la quale, accanto al tarantismo "*genuino*" ce ne sia uno "*spurio*", quest'ultimo presente in donne (*mulierculae*) che, se non proprio affette da sofferenza mentale, sono per lo meno frustrate ed approfittano del ricorso annuale della tarantola per dare sfogo ai loro "*carnevaletti*", al loro bisogno di eccitazione.

Francesco Serao (1750), esponente dell'illuminismo napoletano del XVIII secolo, evidenzia invece gli aspetti della psicologia degli abitanti della Puglia, nella fattispecie la loro usuale depressione, la disposizione alla melanconia e la tendenza a risolvere le proprie soverchianti difficoltà di vita attraverso il climax del tarantismo.

Con Serao si inaugura così l'atteggiamento scientifico nei riguardi del tarantismo, un'idea che consiste nel definirlo come una particolare condizione patologica che interessa determinati individui.

Questo atteggiamento persiste nella pur scarsa letteratura ottocentesca del tarantismo, in cui da un lato si continua ad enfatizzare le proprietà tossiche di un aracnide inconsueto e dall'altro l'evento improvviso di un disordine mentale.

L'unica eccezione è costituita da J.F.C. Hecker (1846), il quale enfatizza gli aspetti prettamente sessuali legati al tarantismo: i sintomi psichici dei pazienti che versano in questo stato, il richiamo della musica, l'attrazione per colori e per il mare, il sollievo provato nel dondolarsi, sono secondo Hecker forti elementi di eccitamento sessuale.

Fissare, bloccare, immobilizzare: se è dunque questa la proprietà simbolica che da sempre si accompagna alla taranta, ne consegue che essa sia inconsciamente evocata per esprimere, se pur in modo cifrato e dissimulato, l'esigenza di una stasi, tanto psichica quanto motoria, di un ritiro dal quotidiano scorrere emotivo. Proprio come sottolinea De Martino (1961), infatti, morso e veleno sono "*immagini mitiche attraverso le quali il tarantismo dà orizzonte simbolico a conflitti psichici inconsci, perduti per la feconda rammemorazione e per scelta risolutiva, e che perciò mantengono l'uomo vincolato all'episodio critico irrisolto, nel senso che l'episodio torna indefinitamente a farsi valere come sintomo nevrotico cifrato*".

La vita della vittima da tarantismo, quindi, é segnata da un tormento, una sofferenza mai superata, un desiderio represso che inquieta cuore e mente.
I soli movimenti psichici consentiti, infatti, sono quelli che portano indietro, al rimuginare sul passato, a quei nuclei angoscianti che bloccano perché mai risolti e che quindi tornano periodicamente a farsi ri-sentire, sotto forma ritualistica di "ri-morso" da ragno.
Il significato di alcune delle varianti della tradizione (Es. l'ideologia secondo la quale il tarantato per guarire deve tornar al luogo dove fu morso alla ricerca del ragno responsabile per poterlo uccidere; credenza per cui il tarantato, durante la cura, riproduce in qualche modo la situazione del primo morso sia indossando le stessi vesti sia richiamando qualche particolarità di quella situazione) parlano tutte della necessità di un "*tornare*" e un "*cercare*" che rimandano simbolicamente al riportarsi all'inizio della crisi per raggiungere il contenuto conflittuale e togliere cosi il blocco.

La crisi da ri-morso giunge puntuale a ricordare alla vittima, l'istante in cui la propria vita è stata irreparabilmente segnata dall'evento velenoso, ma col chiaro intento di disciplinare un "*ritorno*" che altrimenti potrebbe riesplodere in un qualsiasi momento.

Analizzando i racconti di vita delle tarantate, riportate in De Martino (1961), si nota come l'incontro con la taranta e il relativo morso, non avviene in un tempo qualsiasi ma in un momento centrale della vita delle vittima, in un momento che si "*fissa*", che anestetizza l'anima:

Maria di Nardò (Le)
"*orfana di padre a 13 anni, viveva mal sopportata dagli zii.. a diciotto anni si innamorò di un giovane ma per ragioni economiche la famiglia di lui si oppose al matrimonio; Maria soffri molto per questo abbandono perchè era il suo primo amore. Ed ecco che una domenica a mezzogiorno fu morsa dalla taranta mentre era alla finestra e fu costretta a ballare; negli anni a seguire fu indotta a sposarsi con un uomo che non amava...ecco quindi che il morso, il veleno e il relativo esorcismo ritornavano periodicamente".*

Filomena di Cerfignano (Le)
"*a mezzogiorno, mentre era seduta raccogliendo ceci da un ramoscello, era sorta una piccola lite con il marito, proprio allora la taranta l'aveva pizzicata. Le fu suggerito che per ottenere la guarigione occorreva che si indossassero gli abiti e gli oggetti del momento del primo morso*".

Matilde di Cutrofiano (Le)

"*vecchietta di 76 anni, nubile e devota alla "cose di Dio", tarantata da ben sessant' anni era stata pizzicata a sedici anni; il primo morso restava avvolto nelle nebbie della sua memoria. Le pareva di ricordarsi di aver patito il primo morso mentre era inginocchiata in preghiera...da allora Matilde ad ogni estate veniva di nuovo rimorsa dai ragni (con relativo metter in moto di balli e pellegrinaggi a Galatina). Ella li vedeva, sentiva il loro pizzico, li chiamava per nome e rispondeva al loro richiamo. I ragni le davano ordini (le proibivano di mangiar certe cibi, di vestir in un certo modo, di non frequentar certe persone)..ella doveva ubbidire altrimenti essi si vendicavano facendola sentire lesa*".

Pantalea di Giuggianello (Le)

"*quarant'uno anni, tarantata da ventitre anni, riferisce la primi crisi a diciotto anni, esattamente dopo quindici giorni la morte del padre.*
Ella cominciò a sentirsi lesa, cioè vulnerante nelle forse fisiche e psichiche..ebbe brividi di freddo e febbre. Un giorno, mentre stava "annoiata" su una sedia, una vicina le fece "il segno col tamburello" (cioè la esplorò con le percussioni ritmica con lo strumento che fra tutti stimola di più i tarantati a scazzicarsi nella danza) ed ella subito rispose al segno e ballò per una nottata dialogando con S.Paolo".

La taranta può cosi avvelenare dopo un lutto, un amore proibito o in tutti quei casi in cui il conflitto che attanaglia e che non trova soluzione cosciente, diviene talmente intollerabile e soffocante da condurre all'immobilità psichica quanto motoria.

Il bloccarsi per effetto del veleno sta quindi simbolicamente al posto di uno stallo della coscienza, imbrigliata e stretta tra il desiderio di ribellarsi, di avanzare e l'impossibilità a farlo in una società chiusa e opprimente.

Non è un caso che ad essere maggiormente colpite siano le donne, proprio coloro che più di ogni altro sono avvelenate dalla vita se costrette a sposare un uomo non amato oppure indotte ad ignorare pulsioni e desideri perché contrari al ruolo femminile.

Per tutte le vittime, quindi, il simbolo mitico-rituale del tarantismo appare articolato in modo, secondo De Martino, da "*offrire orizzonte di evocazione, deflusso e risoluzione ad alcuni contenuti critici e conflittuali determinati dalla pressione esercitata dall'ordine sociale dalla prima infanzia sino alla maturità e vecchiaia...fra questi contenuti sta in primo luogo l'eros a vario titolo precluso dall'ordine familiare o dal costume o dalla traversie d'amore...le donne di qualsiasi ceto, che il costume condanna ad un aspro regime di erotiche preclusioni (le giovinette nell'epoca della pubertà, vedove e spose infelici, zitelle) trovano cosi nell'ordine culturale del tarantismo certe possibilità di far defluire nella realizzazione simbolica quanto la pressione sociale confinava nelle minacciose chiuse dell'inconscio*".

Sempre dalle testimonianze raccolte emerge come affianco al principale tema dell' eros precluso, alla base del conflitto vi possono altresì essere temi di natura sociale, economica, culturale quasi sempre legati alle misere condizioni di vita contadine.
Cosi ad essi, per esempio, il tarantismo offre anche "*possibilità di mimare scene di grandezza e potenza, di successo e gloria: ognuno poteva cosi rialzare la propria sorte tanto quanto la vita l'aveva abbassata e viveva episodi che si configuravano come il rovescio della propria oscura esistenza*".

La proprietà di fissare in quel istante, emblema del morso da taranta, altro non è, dunque, che un'immagine riflessa della condizione di stasi psico-fisica vissuta interiormente dalla vittima del morso. Egli, dunque, è fermo su di sé, fissato nel silenzio, inchiodato nel vuoto, immobilizzato nella solitudine proprio come un animale narcotizzato dal veleno si lascia morire inerme tra i fili della ragnatela.
Il malato di tarantismo, perciò, non fa altro che tradurre in un linguaggio animalesco, istintuale, ciò che di incomunicabile e angosciante sta avvenendo dentro sé.
Il fissarsi impedisce la fuga, costringe ad affrontare i propri mostri, a scendere nelle ragnatele interiori per guardare il nucleo di angoscia e tentare cosi di liberarsi una volta per tutte di quelle menzogne e illusioni che avvelenano l'anima.
Nella sua danza sacra, infatti, spinta dal frastuono del tamburello, ella non scappa dal ragno avvelenatore ma scende nella sua tana, lo ricerca, si avvicina sempre più ad esso, lo vuole per divenire esso per poi poterlo dominare e scoprire cosi che proprio ciò che ammala

in realtà guarisce, che ciò che prima tormentava ora è al suo servizio.

Il malessere che si cela, cosi sfumato e inavvicinabile, adesso è un ragno che si aggira tra le siepi della propria casa come tra i sentimenti dell'anima; esso ha un contorno preciso, una storia, un volto, a volte perfino un colore e un nome che permette di avvicinarlo e incontrarlo poiché, come è noto in psicoterapia, la parte Ombra che è in noi per essere contattata deve prima subire una proiezione ed una trasfigurazione.

Forse è proprio per questo che l'immagine della taranta arriva da lontano, dalle profondità psichiche, poiché abbiamo un mondo interiore più grande e ricco di ciò che immaginiamo, pronto ad accogliere il nostro dolore e a trasformarlo.

Per quanto paradossale possa apparire, dunque, il morso da taranta è la vera via di salvezza, è l'evento che mette in moto un meccanismo di evoluzione altrimenti non esprimibile.

Tutto appare come se fosse "*architettato*" da una forza ignota, una volontà primigenia che alberga dentro la vittima da morso e che la conduce inconsciamente a vivere l'incontro con il ragno avvelenatore.

Citando il pensiero di Bachelard (1960), è possibile affermare che la tarantata realizza una vera e propria "*rêveriè cosmica*", una fantasticheria, un' abbandono al flusso del sogno a occhi aperti capace di mettere in contatto con l'universo, con mondi straordinari.

Ella "*sa*" che per evolversi, cambiare identità, deve prima avvelenarsi, star male, isolarsi, morire..e quando poi arriva la musica, la sua musica e con essa la danza, ella sente che è giunto il momento cruciale, la sospirata primavera, il momento della rinascita.

Tutto sembra condurci in un universo ben più grande e complesso di quanto si possa apparentemente immaginare, un mondo dove ragno, veleno e con essi la stasi, il silenzio e la solitudine si fanno portatori di messaggi trasformatori antichi e profondi.
Nulla nel tarantismo sembra lì per caso, tutto sembra creato per condurci nel grande universo simbolico della depressione.

LA DEPRESSIONE IN CHIAVE SIMBOLIA

La Depressione è una patologia molto complessa, profonda e più diffusa di quanto si possa pensare se secondo le recenti stime dell'OMS (Organizzazione Mondiale della Sanità) occorre stimarla tra i primi posti in ordine di importanza per le sofferenze e disabilità. E' altresì una patologia molto arcaica, che nasce con la notte, da sempre fonte di timore e di oscuro fascino, presente in natura e tra gli Dei ancor prima dell'uomo se è vero che già Omero, a cui è possibile far risalire la prima definizione della depressione, scrive a proposito di Bellerofonte nell'Iliade "*ma quando viene in odio agli Dei, Bellerofonte solo e consunto di tristezza errava pel campo acheio l'infelice e l'orme dei viventi fuggìa con l'abbandono degli Dei si spegne il coraggio e la forza di vivere ed è il vuoto assoluto, la tristezza divorante in cui l'eroe si dibatte e si logora*" (citato da Carlo Saffiotti, 2012 in La depressione - in cerca di una definizione, tratto da www.benessere.com)".

Il termine "*depressione*" (la cui etimologia DE e PREMERE riconduce al pigiare, premere in basso) deriva dal latino "*depressio*" e indica uno stato di infossamento e avvallamento.
Il solo nominarne la parola, infatti, suscita immediatamente immagini di profondo abbattimento, sconforto, tristezza senza soluzione.
Il mondo interiore sembra centrato su emozioni negative talmente pervasive e invalidanti da alterare in maniera consistente il modo in cui la persona ragiona, pensa e raffigura sé stessa, gli altri e il mondo esterno.

Nell'approcciarsi all'universo depressione, occorre tener distinte due grandi forme cliniche: depressioni endogene e depressioni psicogene. Le prime sono note fin dall'antichità sotto il nome di melanconia e rappresentano le forme classiche di depressione, le più diffuse e conosciute. Si possono presentare in una tipologia monopolare (fasi solo depressive) oppure bipolare (fasi depressive e maniacali). Sono le forme di depressione più oscure e temute poiché non si riesce a mettere in evidenza un evento esterno scatenante che possa in qualche modo giustificare lo stato emotivo in cui si piomba.

Le depressioni psicogene, delle quali fa parte la depressione reattiva, al contrario delle precedenti, permettono di delineare un quadro di maggior significato. Esse, infatti, rappresentano una forma caratterizzata da una reazione eccessiva ad eventi tristi e luttuosi, vissuti come gravi perdite, quali la delusione amorosa, l'insuccesso nell'affermazione sociale, la frustrazione delle proprie aspettative.

Ad esse si giunge un ulteriore tipologia costituita dalle depressioni somatogene ossia quelle che possono implicare un rapporto causale diretto con una malattia organica-disfunzione somatica (es. dovute a tumori cerebrali, paralisi progressive, arteriosclerosi) oppure sintomatiche, che si riferiscono ad un quadro clinico postoperatorio, postinfettivo, tossico.

Secondo il DSM IV si può fare diagnosi di depressione quando sono contemporaneamente presenti, da almeno due settimane, cinque (o più) dei seguenti sintomi:

- umore depresso e marcata diminuzione di interesse o piacere per le attività svolte: il soggetto si sente svuotato e privo di energia;
- alterazione dell'appetito, più spesso nel senso della diminuzione, con significativa perdita di peso (5% del peso corporeo in un mese), oppure aumento dell'appetito e del peso;
- alterazione del sonno, più speso sotto forma d'insonnia, con risveglio mattutino precoce;
- agitazione o rallentamento psicomotorio;
- astenia, cioè senso di spossatezza non motivato da sforzi fisici;
- sentimenti di autosvalutazione o di colpa eccessivi o inappropriati;
- riduzione della concentrazione, attenzione e memoria;
- pensieri ricorrenti di morte (non solo paura di morire), ricorrente ideazione suicidiaria senza un piano specifico o con un piano specifico per mettere in atto il suicidio.

Per una maggior comprensione delle sue dinamiche cliniche, risulta centrale il concetto di tono dell'umore, importante funzione psichica che, con la sua flessibilità, ci consente l'adattamento al nostro mondo interno ed esterno. La depressione consiste, infatti, in un'alterazione costante del tono dell'umore, il quale si fissa verso il basso, perdendo cosi la sua flessibilità e la proprietà di innalzarsi in corrispondenza di eventi positivi e favorevoli.

Nelle fasi più lievi o in quelle iniziali lo stato depressivo può essere vissuto come incapacità a provare un'adeguata risonanza affettiva o come un'accentuata labilità emotiva mentre, nelle fasi acute, il disturbo dell'umore si fa più evidente e si sperimentano vissuti di profonda tristezza, sgomento, disperazione, associata alla perdita dello slancio vitale.

Sembrerebbe apparentemente normale attraversare periodi in cui, per effetto dell'abbassamento del nostro tono dell'umore, diventiamo più tristi del solito, la realtà ci appare soltanto grigia e percepiamo ostilità nei nostri confronti, ci sentiamo stanchi, scoraggiati, amareggiati e irritati, ma è quando questa tristezza diventa duratura, associata ad un profondo pessimismo, la realtà ci appare oscura e la vita priva di senso, che stiamo entrando nella depressione.

Aridità e incapacità affettiva trovano allora volta un corrispettivo motorio in un quadro di generale stasi, inerzia e marcato rallentamento, visibile tanto in una riduzione dei movimenti spontanei, in un'andatura stanca e lenta quanto in un irrigidimento della mimica facciale, che può spesso condurre ad un aspetto assente ed inespressivo.

Anche il linguaggio si deprime, impoverendosi di temi, contenuti e di fluidità comunicativa cosi come sul piano ideativo, è usuale coniugare disturbi dell'attenzione e della memoria a uno stato marcato di indecisione e disinteresse anche verso le azioni più semplici e quotidiane.

Ne deriva una concezione del tempo modificata, in cui il suo scorrere continuo rallenta fino ad arrestarsi. Il depresso ha infatti la sensazione che la giornata sia interminabile, che non sia possibile arrivare a sera.

Rispetto alle cause, la letteratura in psicologia è molto vasta ma non si ancora giunti a definire un modello certo. Per quanto differenti tra loro, tuttavia, la gran parte delle ipotesi proposte mirano tutte a ricercare nel passato, spesso risalendo alle prime esperienze infantili, quei fattori o eventi determinati che possono spiegare il sorgere e l'evoluzione della patologia, ma ben poco dicono sul senso del malessere nel qui e ora.

Approcciarsi alla depressione secondo la prospettiva psicosomatica, invece, significa dotarsi di una chiave di lettura ad ispirazione simbolica, la sola e unica ritenuta in grado di delineare attorno a questa grande e antica patologia una cornice del tutto nuova e dai risvolti sorprendenti.

La tradizione simbolica considera insufficiente e non risolutivo il solo debellare sintomi o anche lo scoprire cause in quanto, sforzandosi di trovar una logica o un perchè lì dove la ragione fatica ad abitare, si corre il rischio di spogliare l'evento di tutta la sua straordinaria essenza e ancora più di privarlo di quelle finalità archetipiche, di cui il percorso terapeutico non può non tener conto.

Ciò che caratterizza e contraddistingue la prospettiva simbolica, dunque, è la ricerca del senso, il significato del fenomeno depressivo che accade qui e ora.

Davanti ad una patologia in atto, l'interrogativo che deve muovere è:
quale è il senso di quello che sta accadendo?

Se, citando il pensiero di Hillman (1985), *"il mondo degli Dei è una proiezione imitativa del nostro mondo, con tutte le nostre patologie*", qual è Divinità rivive nell'evento depressione?

La pratica alchemica ci insegna come sia necessario e inevitabile in natura dover passare dalla "*nigredo*", la fase al nero, di distruzione e annientamento, per poter procedere nel processo di individuazione.
Nell'accostarci al nostro lato nascosto, buio, angosciante, Nietzsche ci invita a chiederci se "*un albero, che deve elevarsi nel cielo, possa far a meno del maltempo e della bufera*".
Solo morendo, quindi, è possibile risorgere a nuova vita poiché, come dice M-L von Franz, proprio nel momento in cui la nigredo è al culmine, nell'inconscio ha luogo una nascita segreta.
Non è dunque una luce splendente quella che non nasce dalle oscurità perché solo distruggendo, annientando alla radici è possibile far rinascere il più bello e prezioso tra tutti i fiori.
La psicologia analitica di Jung concepisce la depressione come un contenimento dell'energia vitale che risulta cosi imprigionata e incapace di liberarsi.
Il lavoro richiesto è quello che prevede una discesa nelle profondità per scorgere cosa impedisce all'energia di scorrere liberamente.
Interrogandosi sul senso della depressione, perciò, Jung giunge a cogliere nei momenti più cupi e di regressione i loro aspetti rigenerativi e arricchenti, affermando quanto sia prezioso quel "*silenzio e vuoto che precedono il processo creativo*".
Sulla stessa scia, M-L von Franz ci dice come in genere, prima, c'è un periodo di depressione, di vuoto, di assenza di avvenimenti: più a lungo esso dura, più facilmente si può supporre che un enorme ammontare di energia si stia accumulando nell'inconscio.
Perché qualcosa di importante arrivi a esprimersi, c'è bisogno di un simile periodo in cui nulla accade a livello della coscienza.

Lasciar emergere i pensieri neri, tristi e cupi perchè sono proprio essi che, giungendo della profondità dell'anima, arrecano il pane di cui abbiamo bisogno.

Per Caprioglio (2007), "*grazie*" alla depressione possiamo liberarci da un ruolo diventato insostenibile, possiamo cambiare stile di vita, rivedere le nostre priorità, sciogliere legami divenuti obsoleti, poiché essa subentra proprio quando lo stile di vita che si perseguita porta ad annullare la parte più antica e profonda del nostro cervello, quella ipotalamica e limbica, dove abita la nostra natura più vera.

Essa irrompe nella nostra vita per far scattare in noi la voglia di rinascere ma alla condizione che si sappia riconoscerla e accettarla.

M-L von Franz ci insegna che il mezzo per superarla non è quello di combatterla per evitarla ma di penetrarla per far si che "*essa ci rimetta in contatto con il principio divino*".

Per cogliere appieno il tesoro di cui è portatrice, non bisogna quindi sbarrarle la strada ma lasciarla libera di adempiere al suo destino, al cammino che le divinità le hanno assegnato in origine. Permettersi di scivolare in depressione è segno di elasticità, di saper cedere di fronte a qualcosa più forte di noi, di andare alla ricerca di energie sepolte, di voler morire per poter rinascere poiché, secondo Morelli (2008), al nostro interno abitano forze sconosciute, create dall'anima per provvedere a noi e alle immagini che ci abitano.

La depressione, quindi, giunge da luoghi lontani e arcaici per segnalarci che siamo colpiti dalla fatica di vivere e che quello che serve è riscoprire i nostri desideri più autentici, senza timori e giudizi.

Il compito della depressione è, dunque, quello di far piazza pulita di ciò che non ci appartiene più.

IL SENSO DELLA DEPRESSIONE NEL TARANTISMO

Quella del tarantismo è innanzitutto la storia di una malattia, di un evento che ha seminato angosce e sofferenze, che ha distrutto non solo psicologicamente ma anche socio-economicamente la vita delle vittime e dei suoi familiari.

Non mancano, infatti, le testimonianze di famiglie che si sono consumate nell'attesa di una guarigione mai avvenuta o che hanno dovuto sostenere cosi ingenti spese economiche, per l'ingaggio dei suonatori, da non aver più da sfamarsi.

Al di là di tutto, vi è il dolore, la tristezza che isola, l'angoscia di coloro che non sono culturalmente legittimate a poter desiderare o protestare, scegliere o scappare e che sono quindi costrette a rifugiarsi nel mito della taranta avvelenatrice per poter finalmente dar corpo e sostanza al proprio malessere.

Non ha senso, quindi, parlare del ragno che avvelena, della musica che risana o di quant'altro di fascinoso il tarantismo suscita se nell'approcciarsi ad esso si prescinde dalla natura clinica del fenomeno.

Eppure troppo spesso il "*sentire*" è tralasciato dagli studi condotti sul tarantismo a favore di un'analisi fredda e asettica del fenomeno, un'analisi portata ad ignorare le storie di vita delle vittime per centrarsi sulla descrizione rigorosa dei singoli elementi.

Se solo ci si soffermasse un po' di più su quanto hanno da dire le tarantate, ci si accorgerebbe che quello da loro vissuto è un profondo e doloroso dramma interiore, un malessere senza apparente possibilità di risoluzione se non l'inconscio rifugio nel mito. Ciò che le accomuna, al di là delle singole vicende, è il condividere lo stesso contesto di profonde restrizioni, rinunce, sventure.

Al tal proposito, non bisognerebbe mai dimenticare che il tarantismo è un fenomeno geograficamente ristretto e strettamente connesso alle storie di miseria e povertà della vita contadina.

L'ambito, infatti, è quello di piccoli paesini di campagna, culturalmente di matrice patriarcale, organizzato secondo ruoli e tradizioni ben precisi e in cui la donna, emarginata tra le emarginate, è solita vivere di volontà e decisioni altrui.

La sua è una vita, fin dalla nascita, segnata da un tragitto a tappe pre-definito, da uno schema socialmente condiviso e che richiede un'implicita adesione e nessuna possibilità di deviazioni, se non nella "*pazzia*".

Così, non solo ella è priva di qualsiasi potere decisionale nella sua vita, ma anche di qualsiasi possibilità di esprimere i propri bisogni.

Dalle testimonianze presenti in letteratura, ma anche grazie a quelle personalmente raccolti dalle vivide memorie delle anziane dei paesi, emerge come in ciascuna di esse, delusioni, rabbie, frustrazioni sono nascoste o represse in silenzio cosi come sogni, attitudini o aspirazioni sono inibiti sul nascere per non incorrere nel rischio di uscir dallo schema, quello schema inderogabile che non prevede alternative, se non nella malattia.

I tarantati dicono di sentirsi "*spezzati – schiantati – rotti* – lesi – *annoiati*", termini che nel dialetto locale stanno ad indicare uno stato di malessere, fatto di stanchezza cronica, esaurimento energetico, svuotamento, passività, disinteresse e distacco verso tutto ciò che circonda.

De Martino, intatti, in esse vi riscontra un malessere tanto sfumato quanto profondo e radicato nell'intimo: "*senso di spossatezza, angoscia, stanchezza, inappetenza, insonnia, stato di agitazione psicomotoria con obnubilamento del sensorio, difficoltà di mantenersi in piedi, mal di stomaco, nausea e vomito, varie parestesie e dolori muscolari*".

Colpiti da un profondo tedio di sé e delle cose, la forma estrema di questo stato è la caduta al suolo improvvisa, l'impersonificare colui che versa in pericolo di vita, moribondo o addirittura morto.

La scena posta dinnanzi ai suonatori-terapeutici è quella di una donna esausta, apatica, debole, che da giorni giace in solitudine nel proprio letto, circondata dal silenzio e dall'inerzia più totale.

Di lei si dice che con lo sguardo perso nel vuoto si ciba a fatica, non interagisce con nessuno, non svolge alcuna attività precedentemente condotta, assente a se stessa e agli altri, ella è gelosamente immersa nel suo torpore emotivo.

Tutto a origine, o in un certo senso fine, nell'istante in cui l'incontro con la taranta decreta la scesa di campo della patologia.

Ecco in soccorso, il ragno avvelenatore e con esso la sua concessione di cedere al dolore, di rintanarsi nel silenzio e nell'inerzia più totale. La taranta offre a tutte le sue vittime l'opportunità di dar un nome, un colore, una forma al proprio male interiore, con il fine di rendere possibile un'interazione terapeutica altrimenti non realizzabile.

Tutto succede come se la necessità di incasellare e fissare il proprio malessere diventasse cosi impellente da suscitare il desiderio inconscio di concretizzarlo, di materializzarlo, di vederlo per poter con esso interagire.

Morelli (2009) dice, infatti, che "*abbiamo bisogno di parlare con le Immagini, di sognare a occhi aperti, di parlare con i nostri disturbi, di farli diventare immagini con cui colloquiare*".

Da questo momento, la donna è finalmente sciolta da tutti i propri obblighi, familiari e sociali, immune dalle aspettative proprie e altrui e da ogni tipo di condizionamento poiché nessuno osa mettere in discussione l'effetto del morso del ragno.

Ella è ora libera di sfuggire da quel mondo-ragno che con le sue leggi e strutture soffoca e opprime, da quel contesto che porta morte lì dove c'è tanta voglia di vivere e viversi. Ad essere "*morsa*" – "*pizzicata*" dal ragno è, dunque, quella parte della vittima più genuina, autentica, quel nucleo di verità che non conosce leggi al di fuori di quelle dell'anima.

E' in gioco quella parte di noi che, stanca di spegnersi lentamente nel perseguire uno stile di vita inverso alla propria natura, decide di emerge dalle profondità per ribadire, sotto forma di disagio, la propria ineluttabilità poiché la depressione, se adeguatamente accolta, spinge verso l'originalità e la ricerca del proprio talento.

La tarantata "*sa*"

ella ricerca il contatto con il ragno per sperimentare la dinegro, la distruzione, il buio della destrutturazione interiore. Isolarsi dal mondo, vivere a pieno il veleno del proprio male perché è proprio qui, al culmine del momento depressivo, che è possibile scorgere il germe della trasformazione e con esso l'invito alla rinascita.

I suonatori "*sanno*"
che si può invitare a danzare una persona morente, assente a sé stessa e al mondo intero. Sanno che nella musica e nella danza è custodita la via tramandata dagli avi per rivelare come nell'immobilità e nella stasi vive il suo opposto, il movimento nuovo, rigenerante, dal passo melodico. È dunque una festa, occorre musica gioiosa, dinamica, echeggiante per accostarsi a colei che si appresta a rinascere.
I suonatori-terapeuti sanno che la loro musica serve a tracciare la strada, è l'energia, la forza di cui la taranta necessita per ballare e ballando compiere il lavoro interiore.
È come se con il loro suono cosi duro e penetrante, ritmato e tambureggiante volessero fare una breccia li dove è difficile penetrare, proprio lì dove la coscienza non accede, negli angoli più nascosti e bui. Con la loro musica, essi disegnano la colonna sonora che accompagna e guida la vittima nel passaggio dalla notte al giorno, dall'inverno alla primavera, dalla morte alla nuova vita.
La musica e la danza, con il loro potere di spezzare e sciogliere i vincoli con la forza e il dinamismo del movimento perpetuo, non fanno altro che allinearsi e favorire l'onda di questo processo di trasformazione.

Fermarsi e immobilizzarsi rappresenta, dunque, una metafora della volontà recondita di regredire a quello stadio primigenio,

embrionale, in cui tutto a origine e dar cosi modo al seme di germogliare e all'energia vitale di espandersi.
Malata e suonatori, realizzano cosi il grande insegnamento della scuola simbolica, quello secondo cui per cogliere l'occasione che la depressione porta occorre cambiare la percezione, diventare estranei a se stessi poiché solo cosi l'anima scende in campo e aiuta.
La donna accoglie il silenzio e la solitudine che il veleno comporta, l'immobilità e l'angoscia a cui la ragnatela costringe, accetta di cambiare la sua identità, il suo ruolo, la sua storia per dimenticarsi di sè: lei è per se stessa e per tutti gli altri una "*tarantata*", una "*pizzicata*"!
Cosi facendo è come se si entrasse in un mondo animalesco, fatto di istinti e leggi primordiali cosi lontani e diversi dai nostri soliti e stereotipati percorsi mentali.
In tal modo, è come se essa esprimesse la volontà recondita di addentrarsi nella propria interiorità, di avvicinare il proprio lato ombra, di arrivar cosi vicino al proprio nucleo oscuro da immedesimarsi con esso per poi da esso rinascere ed evolversi come l'eroe che sconfigge il mostro.
Ella non combatte la depressione, non scaccia il ragno che è in lei ma attende che giunga il tempo.
Teseo che nella regione salentina rivive nel mito del tarantismo, fa in modo che la donna-tarantata incontri e sconfigga il suo Minotauro travestito da ragno e dalla sua uccisione ricavarne nuova linfa e nuovi poteri, assumendo in sé le qualità del vinto.

Caduta al suolo priva di sensi, terminata la musica e il rituale danzante, la donna si risveglia dal suo torpore ricordando poco o nulla di quanto accaduto.
Del dopo non si sa molto ma è certo che ella ritorna sulla scena quotidiana senza dubbio trasformata da questa incredibile esperienza interiore.

Ecco il senso della depressione nel tarantismo: rifugiarsi nel mito del ragno avvelenatore per "*concedersi*" incosciamente quel momento di morte interiore, di vuoto e solitudine necessario per rigenerasi, per rinascere sotto una nuova e più splendente veste.
Tutto appare come se durante il periodo di apparente morte interiore, ella avesse accumulato una tale quantità di energia da esplodere, a tempo compiuto, in una danza senza freni e inibizioni.
La lettura simbolica ci aiuta a scorgere la forza creatrice e rinnovatrice celata nella patologia depressiva, invitandoci cosi ad accogliere i momenti di tristezza e sconforto come necessarie tappe per generare una trasformazione.
Tuttavia, nella società del perenne fare, lo star fermi è sinonimo di non redditività, di assenza di idee e progetti, un momento negativo da debellare il prima possibile.
Ecco, quindi, che amici e parenti riservano al malato di depressione incitamenti, esortazioni ad uscire, al fare, a prendere impegni.
L'idea che si trasmette è quella della necessità impellente di scacciar tutto e subito ciò che dalle profondità viene come nero, triste, vuoto.

Il mito di tarantismo ci mostra, tuttavia, come durante il periodo di silenzio e immobilità, la malata sta generando il seme della sua evoluzione e rinascita.

Ella non fa nulla.

Sola, rimane inerme circondata da vuoto e passività nell'attesa che il tempo si compia. È quando il tempo giunge, sospinta dalla musica, la sua musica, la tarantata si lancia nella danza da prima con piccoli passi e poi via via con movimenti sempre più irrequieti, frenetici, vorticosi.

All'apice del ballo, nel momento più inteso e drammatico, quello in cui le note raggiungono le tonalità più alte e asfissianti, ella realizza il suo cambiamento interiore, riuscendo ad incontrare e a fondersi con il ragno avvelenatore che in lei.

Stramazzata al suolo, priva di coscienza, si rialzerà con una visione di sé e del mondo diversa.

Un trasformazione di tal portata fa dunque pensare ad una grande attività interiore, ad un lavoro enorme, capace di smobilitare immense energie primordiali e di generare un qualcosa di meraviglioso, anche se il tutto è celato in quella morte apparente che è la depressione.

Il cervello di un depresso richiama apparentemente l'immagine di un qualcosa di spento, di poco reattivo ed energico.

Eppure, il mito del tarantismo ci invita a cogliere nella patologia depressiva il principio ad essa opposto.

A conferma di ciò, recentemente è apparsa una ricerca dal titolo "*la depressione accende il cervello*".

Andrew Leuchter (2012), psichiatra dell'UCLA's Semel Institute for Neuroscience and Human Behaviour, pubblica una ricerca da cui si evince come un cervello depresso non sia spento, ma iperattivo ed iperconnesso ("*Hyperactivity in Brain May Explain Multiple Symptoms of Depression*", in *Proceedings of the National Academy of Sciences* PloS ONE, febbraio 2012, tratto da www.biosciencetechnology.com).
L'anomalia è riscontrata e seguito di un attento studio di diverse risonanze magnetiche.
Una delle zone piu' anomale risulta essere la corteccia prefrontale, coinvolta nella regolazione dell'umore e nella risoluzione dei problemi.
Tra le reti neurali si formerebbero delle fitte connessioni tra aree che "*accenderebbero*" il cervello, rendendolo più attivo rispetto a quello di una persona che non registra disturbi depressivi.
Egli afferma che "*sembrerebbe quasi un controsenso, ma è quanto accade al nostro cervello quando ci troviamo ad attraversare un momento di depressione...analizzando, al contrario, i cervelli dei soggetti sani, gli impulsi elettrici generati si accendono e si spengono, mentre negli individui con disturbi mentali, appaiono in continua attività per tutto il tempo.*"

Come confermato da Caprioglio (2007), chi nasconde dietro una stanchezza infinita, la depressione, in realtà non è affatto privo di energie. Il corpo ne possiede infatti una quantità enorme.
Nella depressione, specie quella definita "*stanca*" (cosi in sintonia coi termini "*lesa*" e "*annoiata*" impiegati dalle tarantate per indicare il

loro stato di salute), l'energia non è carente piuttosto intrappolata dentro attività e obblighi nei quali la passione è morta.
Cosi il corpo mima con la sua stanchezza "*mortale*" questa assenza di sapore che ha avvolto l'esistenza.
La parola chiave per il depresso stanco è Rigenerazione.
Quale miglior invito alla rigenerazione c'è di una musica tambureggiante e ritmata?
Qual è miglior canale, di una danza frenetica, per incanalare tutta la quantità di energia custodita e pronta ad esplodere?

Nulla nel tarantismo è li per caso.
È straordinario pensare come un ragno, il mortal veleno, la morte e poi la musica, la danza e la rinascita si allineano attorno ad un unico e grande senso di fondo, una meravigliosa rêveriè che fa da sfondo al tragitto archetipo dell'evento depressivo.
La conclusione è l'invito a pensare alla tarantata-depressa e ai loro suonatori-terapeutici come inconsapevoli custodi di questo grande, antico, sapiente senso di cui la depressione è da secoli preziosa custode.

BIBLIOGRAFIA

Abraham K., The Spider as a Dream Symbol, in Selected Papers, trad. ing., London, Hogarth, 1927, in Mora G., Il Male Pugliese. Etnopsichiatria Storica del Tarantismo, Besa, Nardò (Le), 2000

Agrippa H. C., De Occulta Philosophia, 1533, in Renzo Paternoster, un Ballo Mistico: la Tarantèlla, tratto dal sito www.storiain.net

Bachelard G, La Poetica della Rêveriè, Edizioni dedalo, Bari, 1972

Bachelard G., Psicanalisi dell'aria, L'ascesa e la caduta, Red Edizioni, 2007

Baglivi G., Dissertatio de anatome, morsu et effectibus tarantulae, Roma, 1696, in Opera Omnia, Venezia, 1754, Dissertatio VI in De Martino E., La Terra del Rimorso. Contributo a una Storia Religiosa del Sud, Il Saggiatore, Milano, 1961

Boyancé P., Le Culte des Muses chez les Philosophes Grecs. Etudes d'Histoire et de Psycgologie Religieuse, Boccard, Paris, 1937 in Mora G., Il Male Pugliese. Etnopsichiatria Storica del Tarantismo, Besa, Nardò (Le), 2000

Caporali R, - Forconi D., I Miti Greci, Giunti, 2009

Caprioglio V., La Sana Follia in Riza Psicosomatica n. 270, Agosto 2003

Caprioglio V., Depressione, come è facile vincerla! in Riza Psicosomatica n. 319, Settembre 2007

Caputo N., De Tarantulae Anatome et Morsu, Lycii: typis Dominici Riverito, 1741, in De Martino E., La Terra Del Rimorso. Contributo a una Storia Religiosa del Sud, Il Saggiatore, Milano, 1961

Codice H. 18 v., in Charles Ravaissono-Mollien, vol. VI in De Martino E., La Terra Del Rimorso. Contributo a una Storia Religiosa del Sud, Il Saggiatore, Milano, 1961

De Ferrariis A., De Situ Japigiae, 1513, in Eugenio Imbriani "Il Tarantismo, la Tarantola, la Pizzica", tratto dal sito www.scribd.com/doc/dossier-Tarantismo

De Martino E., La Terra del Rimorso, contributo a una storia religiosa del Sud, Il Saggiatore, Milano, 1961

Elide M., Trattato di storia delle religioni, Bollati Boringhieri, Torino, 1999 tratto dal sito www.wikipedia.org

Gesmundo E., La testa di Orfeo. Miti e Politeismo Psicosomatico, Moretti e Vitali Editori, Bergamo, 2006

Gloyne H., Tarantism: Mass Hysterical Reaction to Spider Bite in the Middle Ages, in American Imago, 1950, in Mora G., Il Male Pugliese. Etnopsichiatria Storica del Tarantismo, Besa, Nardò (Le), 2000

Hecker F.K.J., Danzimania,,1832 in Renzo Paternoster, un Ballo Mistico: la Tarantèlla, tratto dal sito www.storiain.net

Hecker J. F. C., Epidemics in The Middle Ages, tr. ingl., Londra, The Sydenham Society, 1846 in Mora G., Il Male Pugliese. Etnopsichiatria Storica del Tarantismo, Besa, Nardò (Le), 2000

Hillman J., La Vana Fuga degli Dei, Adelphi, Milano, 2008

Jung C. G, L'archetipo della Grande Madre, Editore Bollati Boringhieri ,Torino, 1990

Klein M., Il lutto e la sua connessione con gli stati maniaco-depressivi, 1940, Tr. It. In: Scritti 1921 – 1958. Boringhieri. Torino, 1958 in Gabbard, Glen O., Psichiatria Psicodinamica, terza edizione, Cortina Editore, Milano, 2002

Linforth I.M., The Corybantic Rites in Plato, in University of California Publications – Class of Philology", 1946, idem Telestic Madness in Plato in Mora G., Il Male Pugliese. Etnopsichiatria Storica del Tarantismo, Besa, Nardò (Le), 2000

Malaterra G., Historia Sicula, II, cap XXXVI, 1604, in De Martino E., La Terra Del Rimorso. Contributo a una Storia Religiosa del Sud, Il Saggiatore, Milano, 1961

Marra G., Sertum Papale De Venenis, 1362, ved. L. Thorndike, A History Of Magic And Experimental Science, Columbia University

Press, New York, 1934, vol. III, in Mora G., Il Male Pugliese. Etnopsichiatria Storica del Tarantismo, Besa, Nardò (Le), 2000

Mercuriale G., De venenis, Francoforte, Schleger, 1584 in Mora G., Il Male Pugliese. Etnopsichiatria Storica del Tarantismo, Besa, Nardò (Le), 2000

Merula G., Memorabilia, Lione, 1556, cap LXIX, sul Merula cfr Bibl. Scriptorum Mediolanensium, Milano, 1745 in De Martino E., La Terra Del Rimorso. Contributo a una Storia Religiosa del Sud, Il Saggiatore, Milano, 1961

Mina G., Il morso della differenza. Antologia del dibattito sul tarantismo fra il XIV e il XVI secolo, Besa , Nardò (Le), 2000

Mora G., Il Male Pugliese. Etnopsichiatria Storica del Tarantismo, Besa, Nardò (Le), 2000

Morelli R., Puoi Fidarti di Te, Mondadori, Milano, 2009

Morelli R., Quello che cerchi è già dentro di te, editoriale in Riza Psicosomatica Come Vincere la Depressione, n. 331, Settembre 2008

Nietzsche F., Aforismi, a cura di Vannini M., Newton e Compton, Roma, 1993

Serao F., Lezioni anatomiche sulla tarantola, Napoli, 1742: idem, Della tarantola, ovvero Falangio di Puglia, Napoli, 1750 citati in Mora G., Il Male Pugliese. Etnopsichiatria Storica del Tarantismo, Besa, Nardò (Le), 2000

Sigerist, H. E., Civilization and Disease, Cornell University Press, New York, 1943, in Mora G., Il Male Pugliese. Etnopsichiatria Storica del Tarantismo, Besa, Nardò (Le), 2000

Sterba R., On Spider, Hanging and Oral Sadim, in American Imago, 1950 in Mora G., Il Male Pugliese. Etnopsichiatria Storica del Tarantismo, Besa, Nardò (Le), 2000

Tinctoris J., 1450, citato da Salvatore Colazzo, Dossier: Tarantismo e Salento, tra Storia e Presente, tratto dal sito www.scribd.com/doc/dossier-Tarantismo

Valletta L., De Phalangio Apulo, Napoli, 1706, in De Martino E., La Terra del Rimorso. Contributo a una Storia Religiosa del Sud, Il Saggiatore, Milano, 1961

Von Franz M. L., I Miti di Creazione, , Bollati Boringhieri, Torino, 1989

Von Franz M. L., La Gatta, Una Fiaba sulla Redenzione del Femminile, Maggi Edizioni, 2008

Printed by Books on Demand GmbH, Norderstedt / Germany